CANTIQUES

à l'honneur

DE SAINT-GENS.

Carpentras, Ty. de Dornan.

CANTIQUES

à l'honneur

DE SAINT-GENS.

Air : *O vous qu'un Dieu par une main.*

En ce beau jour, florissante jeunesse,
Chantez de Gens les exploits glorieux,
Formez des chants, des concerts d'allégresse,
Et que vos voix pénètrent jusqu'aux cieux.

Le lys brillant planté par la nature
Sur le gazon d'un limpide ruisseau
Nous dépeint bien l'aurore chaste et pure
De ce grand saint zélé dès le berceau.

Dans les déserts, ardent anachorète,
Il va cueillir des lauriers éternels,
Un ciel d'airain y pèse sur sa tête,
Il le préfère aux foyers paternels.

Tes rocs affreux lui servent de retraite,
Heureux Beaucet! Quel choix avantageux !
A l'implorer emploie donc cette fête,
D'heureux succès couronneront tes vœux.

Le loup meurtrier dépouillant son audace,
Avec respect lèche ses chastes mains,
La pierre même amollit sa surface,
Et vomit l'eau salutaire aux humains.

Vous que la fièvre en sa marche inégale
Fait frissonner dans ses cruels assauts,
Accourez tous, de sa rage brutale
Les feux brûlans s'éteindront dans ces eaux.

L'astre du jour que la nature adore,
Porte sur tout ses rayons bienfaisans ;
Tel ce grand saint dont l'église s'honore
Répand sur tout ses bienfaits les plus grands.

Et toi, Monteux, qui lui donnas naissance,
Viens lui payer dans ces déserts affreux
Le doux tribut de la reconnaissance,
Viens rendre hommage à cet arc lumineux.

Illustre Saint, astre brillant, fidèle,
Dont la clarté nous guide vers le port,
Fais-nous jouir d'une gloire immortelle,
Et triompher de l'éternelle mort.

Signalons donc notre reconnaissance.
Ce jour au ciel nous donne un protecteur,

O jour heureux ! jour de réjouissance !
Que l'univers bénisse son auteur.

Air : *Brillante nuit.*

Chantons en chœur les vertus et la gloire
De notre aimable et puissant protecteur,
Et par nos chants, rendons à sa mémoire
Un légitime et solennel honneur.
   Vive Saint-Gens, ce jeune anachorète,
Notre ornement et nos amours,
   Vive son nom ! vive sa fête !
Nos voix, nos cœurs le béniront toujours

Pour Monteux.

Né dans nos murs, Gens fut, dès sa naissance
Par sa beauté, l'amour de nos aïeux,
Humble, pieux, recueilli dès l'enfance,
Fleur encor tendre, il embauma ces lieux.
   Vive saint-Gens, etc.

Pour toute autre paroisse que Monteux.

Béni du ciel, Gens fit, dès son enfance,
Pour la vertu paraître un goût parfait ;
L'humilité, l'oraison, le silence
Eurent pour lui le plus puissant attrait.
   Vive Saint-Gens, etc.

Bientôt du monde, à gâter trop habile
Enfant prudent, craignant le souffle impur,
Dans le désert, à l'esprit saint docile,

Air connu.

A l'hounour de san Gen
Canten touteis ensen   *(bis)*
Aqués pious cantiquou
Qué counten sen façoun
L'histoirou magnificou
De sei santeis actioun.

Noste san proutectour
A Mountéou vei lou jour *(bis)*
Dès sa tendre jouinessou
Gens sé faï remarqua,
Et sa grandou sagéssou
Prédi sa santéta.

Dès l'âgé dé quinze ans,
Aqueou divin enfan   *(bis)*
Dou moundé sé retirou
S'enfui dins un déser,
Uniquamen souspirou
Per lei ben éterner.

Sa méré tout en plour
Lou cerquou nieu et jour *(bis)*
La villou, la campagnou,
Rampli tout dé sei cris,
Oou foun d'unou mountagnou
Trouve enfin soun cher fils.

Qu'ei qué vous aven fa,
Moun fils, per nous quitta; *(bis*

Air de la jardinière.

Chantons la gloire infinie
Et bénissons la bonté
Du Seigneur qui glorifie
Les saints dans l'éternité.
En ce jour loin la tristesse
Exaltons, chers citoyens,
D'un cœur rempli d'allégresse
Les mérites de saint-Gens. *(bis)*

Quel bonheur, quel avantage
Pour la ville de Monteux,
Quel devait être cet âge
Où vécurent nos aïeux.
Ils l'eurent dans sa naissance
Pour frère et pour protecteur
Après sa mort sa puissance,
Du pays fait le bonheur. *(bis)*.

Comme l'orgueil fut l'offense
Qui rendit l'homme pécheur,
Il doit par la pénitence
Rentrer dans le vrai bonheur.
Saint-Gens déplore ce crime,
Il gémit encore enfant,
Pour s'en faire la victime,
Il est humble et pénitent. *(bis)*

Mais pour le ciel, ce jeune solitaire
Est déjà mûr : pars donc, bon serviteur !
Va recevoir l'inéffable salaire
Va du grand Roi partager le bonheur.
    Vive saint-Gens, etc.

O jour heureux! Gens vers le Dieu qu'il aime
De ces bas lieux s'envole triomphant,
Il entre au ciel, et du Maître suprême,
Il y devient un ami tout-puissant.
    Vive saint-Gens, etc.

Par son crédit, sur la terre brûlante
On voit s'ouvrir les réservoirs des cieux,
Et dans les corps que la fièvre tourmente
Mourir soudain ce feu séditieux.
    Vive saint-Gens, etc.

De cet ami qui ne sait la tendresse ?
Jamais vœux purs le trouvèrent-ils sourds ?
Aussi vers Gens voyez comme on s'empresse
A son désert, de tout côté l'on court.
    Vive saint-Gens, etc.

Tournons-nous donc vers cet ami fidèle,
Etudions sa vie et ses vertus.
Imitons-les, et pour lui pleins de zèle,
A le prier montrons-nous assidus.
    Bienheureux Gens ! tu vois notre faiblesse
    Parle pour nous au Tout-Puissant,
    A toi nos cœurs seront sans cesse,
    Sois-nous sans cesse un ami bienfaisant.

Il vole et vient chercher un lieu plus sûr.
Vive saint-Gens, etc.

En vain sa mère, éperdue, éplorée,
Veut le tirer de l'asile des bois,
Déjà cette âme, en sa marche assurée,
De l'esprit-saint n'entend plus que la voix.
Vive saint-Gens, etc.

Gens, au désert, actif, fervent, austère,
Le cœur vers Dieu, des bras conduit le soc,
D'herbage il vit, longtemps veille en prière,
Et n'a pour lit que la face du roc.
Vive saint-Gens, etc.

De ses vertus, abeille infatigable,
Ainsi sans cesse il augmente le miel,
Et pénitent avant d'être coupable,
Il s'enrichit tous les jours pour le ciel.
Vive saint-Gens, etc.

Seul avec Dieu, pour Dieu seul il respire,
Et Dieu lui rend le désert plein d'appas ;
Ah ! quand un cœur vous aime et vous désire
Avec vous seul, Seigneur, que n'a-t-il pas ?
Vive saint-Gens, etc.

Bien plus ce Dieu lui soumet la nature,
Le loup dompté le sert dans ses travaux,
Et sous ses doigts la roche aride et dure
S'ouvre et devient une fontaine d'eaux.
Vive saint-Gens, etc.

Ei larmou d'unou méré
Leissa vous attendri ;
Véné réjoindré un péré
Accabla dé souci.

Ma méré en ven voudria,
Mé fairé rétourna ;   (bis)
L'ordré dé Dieou m'appellou
Dins aquestei païs.
Y saricou infidellou
Si suivieou vosté avis.

Cher Poplé deou beoucet,
Cent fé réjouis-té,   (bis)
Dins aqueou sant armitou
As un gran proutectour :
Chascun té félicitou
T'envéjou aquel hounour.

Un gros loup affama
Foun coumé un enragea   (bis)
Sus unou dei doas vaquou
Que Gen fai lavoura,
Tranquillamen l'estaquou,
Et lou fai charruya.

Per vous, paoureis fiébrous,
Sort d'un roucas affrous   (bis)
Une aigou merveillousou;
Buvé n'en amé fé,
Dei fiébré counntagiousou
proumptamen guariré.

Vous qué touteis leis ans,
Visita queou gran san.   (bis)

Marcha dessu sei traçou,
Imita sei vertus,
Vous oubtendra la graçou
D'estré un jour deis élus.

Lou pardoun eis ouver
Ei pu gran criminer.　　(*bis*)
Per gagna l'indulgençou,
Foou estré dispousa
A fairé pénitençou,
A sourti doou pecca.

HYMNES

en l'Honneur de Saint-GENS.

Pour la veille de la Fête.

En redit Festum geniale, festum
Gensio priscâ pietate sacrum !
Surge lætanter, properaque notam,
    Plebs, in Eremum.

Surge, de ritu cole, macte, sanctum
Civitas, civem, patre, qui, vocante
Cœlico promptus, teneris ab annis,
    Cessit eodem.

Cessit et cœlis ibi lucrifactis,
Ecce commistus superis, ibidem

Nunc coli gaudet, bonus ac secundat
  Ritè colentes.

Nunc ibi miris favet ecce signis,
En liquor saxi medicus benigno,
De sinu manans, fugat è bibentûm
  Corpore febrem.

Ergò, devoti properemus illò :
Cuncta patronum celebret decente
Civitas cultu, celebretque magnâ
  Religione.

Sic suâ semper prece nos juvabit:
Pellet à nobis lacrymosa, nosque
Fulciet, cives, reget inter hujus
  Ardua vitæ.

Laus tibi, laus sit, Pater omnipotens
Laus tibi, fili, tibi, flamen almum ,
Te, Trias, laudent, bona, te celebrent
  Cuncta creata. Amen.

POUR LE JOUR DE LA FÊTE.
à Matines.

Hâc die, terris placidè relictis ,
Gensius sedes iniit supernas :
Hâc die, summam juvat assecutum
  Dicere palmam.

Qui puer cœlum sitiens, in altos
Evolat montes, velut in venustos
Parca apis flores, sibi conditurus
  Ipse coronam.

Hic pius Christum studet æmulari:
Fervidos soles tolerat geluque ,

Frigidâ petrâ cubat ac amaris
  Vescitur herbis.
 Hic precum pascens animum suavi
Pabulo, terram renovans aratro
Utili, pacis tibi denegatæ,
  Munde potitur.
 Sola quæ mirè moderatur orbem,
Tanta quæ præstat, Triadi canamus
Supplices hymnos, ut in altiores
  Nos regat arces. Amen.

à Laudes.

Sicut in solâ riguâque valle
Lilium, cultu niveo decorum
Sic in occultâ, puer ille castus
  Crescit Eremo.
 Hùc vocas illum Deus, hic fidelis
Permanet: matris revocantis ipse;
Fletus, imbellis, tua vox triumphat,
  O Deus, una.
 Nam tibi vivit, tibi spirat uni :
Sic locos tristes et inhospitales
Incolit lætus neque delicatæ
  Deserat aulæ.
 Hic novis vivens patet acce signis
Sanctus : hic illi scopulus liquorem
Tactus effundit; lupus asper illi
  Servit inermi.
 Mirus hic tandem juvenis beatâ
Morte defunctus, superas triumphans
Fertur in sedes, favet undè nobis
  Præses amicus.
 Gratiæ quantæ veniunt per illum!

Impetrat siccis pluvias salubres
Frugibus, dulcem febre sanitatem
  Impetrat ustis.

Sit decus patri, genito sacroque
flamini, jam nunc et in omne sœclum
Cuncta ter sanctam Triadem, perenni
  Laude celebrent Amen.

à Vêpres.

Alme qui nostræ, superis ab oris,
Nunc ades tutor venerandus, urbi,
Quas tibi laudes ferimus, precesque
  Suscipe, Gensi.

Te Dei servum, teneris ab annis,
Strenuum, vitæ mala ferre fortem,
Simplicem mirè modicumque læto
  Dicimus ore.

Te, pia, cœlis meritò receptum,
Atque præsentem prohibere duris
Vel tuâ gratis prece nos beare,
  Mente veremur.

Hic tuum nomen Benedictepuber,
Nostra dulcedo, decus atque nostrum
Et tuæ laudes et honor sacratus
  Usque manebunt.

Usquè tu verò memor esto nostri;
et tuâ, tutor, prece nos supernis
Gratiis dita, prece nos beatis
  Sedibus adde.

Quam penès solam manet donum
Optimæ, semper, Triadi canantur
Sicut in cœlis et in hâcce terrâ,
  Cantica laudis. Amen.

Carpentras, Typ. de Dornan.

www.ingramcontent.com/pod-product-compliance
Lightning Source LLC
Chambersburg PA
CBHW061619040426
42450CB00010B/2562